AF243312

LE SECRET

DU

COUP DU 16 MAI

PAR UN ÉTRANGER

Prix : 50 centimes

PARIS

IMPRIMERIE E. CAPIOMONT ET V. RENAULT

6, RUE DES POITEVINS, 6

1878

LE SECRET

DU

COUP DU 16 MAI

PAR UN ÉTRANGER

Prix : 50 centimes

PARIS

IMPRIMERIE E. CAPIOMONT ET V. RENAULT

6, RUE DES POITEVINS, 6

1878

LE SECRET

DU

COUP DU 16 MAI

Il n'y a personne en France qui ne puisse se rappeler que, lors de l'insurrection de la Bosnie et de l'Herzégovine, les Parisiens, et en général les Français, se montrèrent presque apathiques, non-seulement au commencement, mais encore jusqu'à la moitié de l'année 1876.

Il n'y a personne, non plus, qui ne se souvienne du merveilleux revirement qui, comme par un effet naturel du caractère même de cette vaillante nation, changea soudainement l'indifférence en appréhension et en inquiétude de l'avenir. Tous commencèrent à comprendre que ce mot de « colosse du Nord » n'était pas une vaine parole, mais une réalité palpitante et bien propre à exciter l'attention et la crainte même, des peuples d'Occident. L'on s'attendait généralement à une soudaine invasion de la Turquie, et on sentait qu'un tel événement pouvait bien surprendre les puissances, avant même qu'elles fussent prêtes à y faire face, et les entraîner dans une guerre que la France, surtout, voulait à tout prix éviter.

De même, tous les esprits impartiaux et justes savaient que la politique des hommes d'État républicains prenant pour base la paix et le développement du travail, de l'industrie, de l'instruction et des arts, tendait à réaliser toutes les améliorations possibles, d'accord en cela avec les aspirations de la nation entière, qui était contre la guerre. Les républicains combattaient tout ce qui aurait pu troubler une paix, à laquelle ils tenaient tant. Il serait superflu, croyons-nous, d'insister sur ce point, que nul, en France aujourd'hui, n'ignore plus.

Tel était l'état général de l'opinion en France, alors qu'à la tête du gouvernement se trouvait M. Jules Simon, personnage éprouvé et dévoué à la République tant aimée par M. Thiers.

Pour la première fois après tant de luttes, la France possédait un gouvernement qui se prononçait franchement pour la République, et dans la Chambre une majorité républicaine, elle aussi, pour la première fois depuis 1793. Ce résultat, il faut l'avouer bien hautement, était dû principalement à l'énergie infatigable et à l'habileté politique de M. Gambetta.

C'était, en effet, à lui que revenait à juste titre le mérite d'avoir, aux dernières élections (février 1876), écrasé tous les partis réactionnaires et amené par suite le renversement du redoutable M. Buffet; c'était un fait d'autant plus beau, que celui-ci, longtemps président du conseil, avait pu commettre contre les républicains toutes

les illégalités imaginables et mettre en pratique le machia-
vélisme le plus inouï, en s'abritant, jusqu'à la dernière
heure, derrière le nom du maréchal, président de la République.

Toutes les élections partielles, soit pour la Chambre,
soit pour les conseils départementaux, venaient, d'un
autre côté, confirmer le grand triomphe des républicains,
qui sortaient toujours vainqueurs de ces combats.

Mais, ce qui irritait au plus haut dégré les réactionnaires, c'était surtout l'avenir qui se présentait sous un
aspect décourageant pour leurs intérêts, en présageant
une ruine complète et définitive.

Ils voyaient se tourner contre eux-mêmes la chance de
hasard contre laquelle ils étaient impuissants, bien que,
dans le courant de l'année, la mort ne leur eût enlevé du
Sénat que deux de leurs partisans, tandis qu'elle avait été
plus sévère pour leurs adversaires qui en avaient perdu
seize.

Cependant, le sort impitoyable ne tarda pas à leur faire
perdre, aux renouvellements partiels, cinquante-cinq de
leurs amis, qu'ils n'ont plus l'espoir de voir revenir.

Le cas était pressant, car en 1877 devaient se faire les
élections pour les conseils municipaux (et l'on sait bien
que, d'après la loi, le sort des sénateurs dépend de ces
mêmes élections). Et, en second lieu, les réactionnaires
sentaient parfaitement qu'en 1878, leur politique n'aurait
point ses coudées franches. Ils redoutaient l'Exposition,
tout en la combattant et en la calomniant, ils sentaient
qu'elle serait une confirmation éclatante de la politique
habile, sage et prudente des républicains; ils ne compre-
naient pas moins que le monde occupé, enivré, s'adonnant

aux arts et à la joie, ne se prêterait que de fort mauvaise grâce à toute intrigue politique. En conséquence, ils sentaient l'impérieux besoin de se hâter de pousser leur pointe, afin de prévenir et de mener à leur fantaisie ces deux grands événements. Ils s'obstinaient d'autant plus dans ce dessein, que la clôture de l'Exposition devait être aussitôt suivie des élections sénatoriales, sans qu'ils puissent mettre à profit ce petit intervalle.

Toutes ces choses-là leur donnaient fort à réfléchir, et ils sentaient le terrain se dérober sous leurs pieds. C'était ainsi pour eux le coup de grâce, qui devait être paré à tout prix.

A cette époque l'Angleterre, à bon droit, se trouvait complètement isolée. Ce n'était pas la bonne volonté qui lui manquait de s'opposer aux progrès des armées russes, c'étaient les alliés qui lui faisaient défaut. L'Angleterre était impopulaire en France, ce pays ne pouvait lui pardonner son inqualifiable abandon en 1870. Le peuple et l'armée nourrissaient les mêmes sentiments. L'Angleterre ne pouvait donc, d'aucune manière, avoir l'espoir de trouver un appui dans un ministère républicain. Pousser donc l'Angleterre à prendre en mains la cause orientale afin de trouver en elle un soutien, en vue de la réalisation de leurs plans, telle fut la politique des conservateurs ; se laisser prendre à ces propositions, telle fut la politique de l'Angleterre.

Le plan de campagne une fois arrêté, les conservateurs avaient espéré trouver dans une étroite union, le moyen de l'exécuter. Chaque parti avait, aurait dit Pascal, « une pensée de derrière la tête », et cette pensée se résumait dans trois noms propres. Mais si chaque fraction espérait tirer les marrons du feu, si chacune réservait aux autres le rôle de Bertrand, comptant bien jouer, elle-même, celui de Raton, la plus cordiale entente régnait pour le quart d'heure entre les divers camps monarchiques.

Les conservateurs étaient sûrs de l'appui éphémère du clergé et du feu pape Pie IX, dont ils entretenaient les meilleures espérances et de plus favorables. Leurs premiers actes : l'agitation cléricale, les discours prononcés du haut de la chaire, les mandements et les lettres des prélats, les miracles mêmes, l'action active quoique clandestine des jésuites, tout fut mis en œuvre. L'élan puissant donné par l'Angleterre, le souverain pontife, son clergé, les bonapartistes, les légitimistes et les orléanistes, tous unis pour cette nouvelle campagne, cette fois-ci désespérée, mais en même temps remplie d'agréables promesses pour tous ceux qui croyaient, comme nous l'avons déjà dit, tirer les marrons du feu avec l'aide et le secours des autres. — La chose ainsi décidée, le maréchal était, sans doute, celui qui devait le premier non-seulement ouvrir la campagne, mais encore essayer le véritable coup, qui amènerait au but l'exécution de ce plan et anéantirait leurs adversaires. Il ne faut pas cependant perdre de vue que cette campagne était des plus redoutables parce qu'elle était conduite par tout ce qu'il y avait de plus influent parmi les richards, et de plus intelligent parmi l'aristocratie.

Une fois les combinaisons arrivées à ce point, les chefs de tous ces partis, aujourd'hui bien connus et suffisamment démasqués, se présentèrent devant le maréchal et lui tinrent, à peu de choses près, ce langage : « Vous savez, maréchal, que la France, divisée en plusieurs fractions, chacune travaillant pour la réussite des principes qui forment le but de son existence, se trouve, malgré elle, jetée entre les mains des démagogues ; mais, maréchal, ce que vous ne pouvez point savoir, c'est que tous ces partis se sont résolument décidés à combattre, corps et âme, avec efficacité, les tentatives pernicieuses de cette démagogie, et que, pour arriver plus sûrement à ce but proposé, ils se sont réunis dans un seul groupe, non-seulement puissant par la richesse et l'intelligence, mais entièrement fort de la bénédiction du très saint Père, de la protection de tout ce qui est prêtre catholique et de l'aide de la riche et puissante Angleterre.

« Poussé par l'amour de la patrie, ce groupe faisant abnégation complète de ses préjugés et de ses souvenirs, nous envoie, nous, ses représentants, vers vous, maréchal, pour vous offrir, en vous exposant nos prodigieuses ressources, le moyen de sauver la France et par conséquent de tirer le pays des mains de ceux qui inévitablement le poussent à sa perte. La tâche est difficile, nous n'en doutons pas, mais, maréchal, l'occasion qui se présente étant aussi unique dans son genre, il faut nous mettre résolument à l'œuvre.

« Laisser cette fois-ci encore la chance nous échapper, ce serait manquer le but si cher à nous tous et en faveur duquel vous avez daigné accepter le pouvoir.

« Sedan est un acte qui doit avec éclat être effacé du livre où la Prusse a osé l'imprimer et l'Alsace-Lorraine doit nous revenir en nous rapportant les milliards délivrés. Quoi de plus grand, maréchal, que la sainte vengeance et quoi de plus doux pour une vieillesse comme la vôtre, que cette revanche éclatante soit un fait accompli, aux merveilleuses acclamations de la nation tout entière !

« Doutera-t-on un seul instant du succès lorsque, pour réussir, nous avons non-seulement la richesse et l'intelligence, mais, bien plus, ce qui fait la force dans le succès : la religion.

« Oh ! non, la réussite ne peut pas nous faire le moindre défaut ; mais, maréchal, pour l'atteindre, il faut que la France soit dirigée par vous-même. Car pour bien et sûrement agir, nous devons être tranquilles à l'intérieur et maîtres absolus du gouvernement, étant les seuls capables d'inspirer toute la confiance de l'Europe. En acceptant, maréchal, nos propositions, et en consentant à tenter la fortune, vous feriez, croyez-le bien, un acte rare dans l'histoire, de ces actes réservés aux Césars et aux Napoléons. Et qui sait si la France, car les grands succès éclatants impressionnent les nations, surtout les chevaleresques comme la nôtre, ne vous rendra pas en échange la même récompense que déjà elle a su rendre à Napoléon Ier... Quant à nous, maréchal, nous serions des plus heureux en vous reconnaissant le chef tout-puissant d'une nation par vous sauvée... »

Il est hors de doute que tout homme intègre et impartial, en se mettant pour un moment à la place du maréchal, puisse commettre la faute de condamner *a priori* ce qu'il a été forcé de céder. Deux raisons l'y contraignaient. La première et la plus forte, c'est que, devant sa position à ses amis politiques, il était moralement engagé envers eux. La seconde, c'est que par son éducation, par ses attaches, par ses sentiments même il était des leurs, et rien de plus naturel que toutes ces graves promesses ne le fissent agir, car, à vrai dire, elles étaient jetées avec profusion, à pleines mains. Le maréchal, donc, a dû leur répondre à peu près dans ces termes : « Que les engagements que l'on prenait et les assurances qu'on lui offrait étaient sans doute d'un grand poids, mais qu'avant tout, ces messieurs devaient savoir qu'il était, lui, un militaire loyal, et qu'il devait demeurer fidèle à sa propre promesse solennellement donnée, lors de son avènement, en face de la nation dont il fait partie, à la tête de laquelle il a l'honneur d'être, et en face de l'Europe entière qui a les yeux fixés sur la France; et que, par cette promesse, il s'engage à rester dans la légalité, et à ne point permettre que l'ordre public soit troublé; qu'il tient d'autant plus à remplir jusqu'au bout des devoirs si chers pour lui, devoirs de premier ordre et destinés à sauvegarder le bonheur et la prospérité de sa patrie tant aimée, qu'il ne pouvait à aucun prix prendre sur lui la responsabilité d'actes de nature à faire péricliter les intérêts de la France, de nature à passer l'éponge sur toute une vie d'honneur, de nature à lui faire laisser une page noire dans l'histoire, qui compromettrait son nom, sa personne et l'avenir même de ses enfants; il pouvait volontiers accueillir les propositions qu'on lui faisait, mais ces messieurs devaient bien comprendre que, tout en se laissant aller, même à l'aveugle, à cette campagne à la fois habile et épineuse, il n'irait nullement jusqu'à la blamable et fatale extrémité d'un coup d'État. Non, certes, ce ne serait pas lui qui renouvellerait les horreurs du passé; certes, il ne sera pas capable de mettre en péril ni sa patrie, ni ses concitoyens; ce n'est pas lui enfin, à qui on pourra jamais reprocher d'avoir provoqué une criminelle et odieuse effusion de sang français. »

A cette réponse tout à la fois franche et nette, ses interlocuteurs reprirent à peu près : « En nous faisant venir au pouvoir, c'est bien votre droit que vous donne la Constitution, et quant à la responsabilité, vous n'ignorez point qu'elle ne peut jamais tomber sur vous. Les ministres seuls sont responsables. La seule chose que nous sollicitons de vous, est de nous faire parvenir au gouvernement pour arriver ainsi, par notre politique, à ce que la France presque entière soit avec nous, c'est-à-dire avec vous... Il est de notre intérêt, maréchal, sachez-le bien, de chercher à ne point vous faire tort ; car, dans ce cas-là, malheur à nous, d'avoir à en subir les conséquences ! »

Sur cette promesse résolument tranchée, le maréchal céda.

Dès ce moment, le maréchal ne fit autre chose que signer tous les papiers qui lui furent présentés par les Broglie, les Fourtou et les autres arrivés au ministère. L'on sait parfaitement de quelle manière ils conduisirent les affaires, en vue de ce qui leur semblait devoir le mieux amener la réussite. Les républicains, de leur côté, comprenant le danger, tinrent une conduite des plus admirables, sous le régime le plus despotique que l'on ait jamais vu.

Le gouvernement du 16 Mai, pendant qu'il exerça à l'intérieur ses mesures, d'après sa fantaisie et pour atteindre son but à tout prix, à l'extérieur se lança dans des combinaisons et conjectures hasardeuses et chimériques de traités offensifs et défensifs, tantôt avec l'Angleterre, tantôt avec l'Autriche, rêvant non-seulement à la Belgique, au Danemark, mais à toutes les puissances du globe ; toutes cés alliances en vue, sans nul doute, d'une guerre contre la Prusse.

M. Decazes joua avec la Russie le rôle de faux amoureux, promettant et toujours promettant la stricte neutralité, en ce qui la regardait. De l'autre côté, on parvint à effrayer l'Italie et à la pousser dans une alliance avec la Prusse, car il était question de rétablir encore, une seconde fois, le saint pontife dans Rome, toujours à main armée.

L'on comprend facilement que leur vraie tendance était que, sans tenir compte du bien-être de la France, de s'efforcer de la jeter de nouveau dans des catastrophes qui l'auraient fatalement conduite à des ruines peut-être irréparables cette fois-ci.

Il ne faut pas cependant, nous faire des illusions, car si la chute de Plewna, qui était le nœud-gordien de la politique anglaise et de celle des réactionnaires, n'eût pas eu lieu sitôt ou du moins avant les prévisions, la politique des mystifications non-seulement n'aurait pas cessé, mais toutes les justes appréhensions du peuple et des journaux auraient été réalisées de suite, ainsi la Chambre eût été pour la deuxième fois dissoute, et la France aujourd'hui pourrait se trouver sous un régime de terreur.

Comme bien l'on voit, grâce à la subite chute prévue et accomplie de Plewna, car c'est bien cela qui fit comme par la baguette que la politique de l'Angleterre changea complètement et par conséquent mit à néant les plans suivis avec tant de peine par M. Decazes. Abandonné par l'Angleterre, le ministère voyait ses plans à vau-l'eau, et le maréchal comprit parfaitement que la volte-face de l'Angleterre mît un obstacle à tous ces plans. Cela étant, et quelles que soient les réflexions que l'on puisse faire, quelles que soient les pensées de chacun, il n'en est pas moins vrai, croyons-nous, que l'histoire impartiale en tiendra grand compte au maréchal, que c'est un bien grand mérite d'avoir su céder aux républicains et imposer à temps une halte à la marche de cette politique, qu'il s'aperçoit l'avoir poussé vers un précipice.

De même, quiconque connaît la rectitude du jugement et l'esprit d'équité des vrais républicains, ne peut douter un seul instant qu'eux-mêmes reconnaissent parfaitement la vérité de ce que nous venons de dire ; d'autant plus, qu'ils se souviennent que s'il y a eu, en 1875, un homme capable de former, avec de grands efforts, de pièces et de morceaux, une majorité dans tous les partis réactionnaires, alors prédominants dans la Chambre, et de faire que cette majorité, contre ses propres désirs, se décidât à voter, à contre-cœur, la Constitution telle qu'elle existe aujourd'hui, cet homme fut et n'a pu être que le maréchal.

Ce vote redonna du courage aux républicains, qui, par leur sagesse, par leur patience, non moins que par l'énergie qu'ils déployèrent dans la lutte, se sont, aussitôt après, mis en état d'avoir la majorité dans la Chambre de 1876. Il en fut de même plus tard, après les tristes journées qu'ils eurent à traverser en 1877. Les républicains n'ont jamais espéré un si prompt et si solide affermissement de la République. Car, si l'on veut être juste, qui peut savoir à quelles inspirations et à quel sentiment le maréchal obéit en cédant aux républicains, abandonnant les réactionnaires écrasés pour toujours et mis dans l'impossibilité de continner la lutte. — En d'autres termes, le maréchal, en donnant d'abord carte blanche aux réactionnaires, en les abandonnant ensuite et en leur faisant faire subitement halte, fit,

on le voit et on l'apprécie fort bien, gagner aux républicains, pour prix de leurs épreuves d'un espace de sept
mois, ce qu'ils n'auraient pu gagner en plusieurs an-
nées.

La majorité de la nation a par conséquent l'impérieux
devoir d'être sincère et de ne point dévier de la route tra-
cée par la prudence des valeureux chefs, qui luttent pour
le maintien définitif de la République. Qu'elle soit attentive,
qu'elle soit toujours sur le qui-vive, et cela, parce que,
dans l'espace qui nous sépare de cette définitive consécra-
tion, se feront des élections pour le Sénat. Si donc, la
tranquillité, le premier et plus impérieux besoin de la nation, ne vient pas à être troublée, elle sauvera pour jamais
la noble France, et ses rayons se projetteront sur toute la
surface du globe. En un mot, ce sera la véritable résurrec-
tion des morts dans l'éternité et en faveur de tous ces peuples pleins de vie et qui ont l'oreille tendue aux sons de la
trompette céleste.

Loin de nous l'ombre même de tout esprit de partialité
et de toute flatterie ; mais frappé de terreur en contemplant
le régime de « la force qui prime le droit, » épouvanté
d'ailleurs de voir ce qui, depuis quelque temps, fond sur
les différents peuples européens et de tous les maux qui
s'abattent sur eux, nous craignons que, dans l'espace qui
nous reste à parcourir jusqu'aux élections sénatoriales,
l'on ne se réveille, un beau matin, en présence de nou-
velles luttes, suscitées par ceux qui voudraient troubler la
belle marche actuelle.

Que l'on ne l'ignore pas, en effet : Si la marche actuelle
des affaires ne vient pas à être interrompue, comme nous
nous plaisons à l'espérer, et le souhaitons, le succès de la

République sera cette fois-ci définitif et irrévocable.

La continuation de cette marche sage et prudente que rien ne doit venir troubler est, selon toute évidence, une nécessité du premier ordre ; elle a pour unique garantie la loyauté d'un seul homme, et cet homme n'est autre que le maréchal de Mac-Mahon.

Que l'on se garde bien d'illusions (et nous sommes convaincus que les véritables champions de la République voient la chose sous le même aspect que nous) ; les partis monarchiques peuvent-ils se résigner si facilement et se laisser écraser à jamais? Ils savent d'ailleurs qu'aujourd'hui ils sont seuls à se servir de toute espèce de moyens abusifs; et ils sont aussi convaincus de la sagesse du peuple tenant pour certain que les leçons des grands républicains tendent à ce que leur parti se résigne à ne suivre qu'une seule voie à l'exclusion de toute autre, celle de la stricte légalité, qui leur suffira pour repousser toutes les attaques des réactionnaires, et qui leur donnera finalement la véritable et sainte victoire.

D'un autre côté, il n'est pas prudent de ne pas tenir compte de ce qui se passe autour de la France, chez d'autres peuples moins civilisés, et au sein de leurs gouvernements, qui ont pour première loi la nécessité de leur propre existence.

Qu'on tienne bien compte de la personne du « loyal soldat » et que l'on ait pour lui une entière et sincère reconnaissance, qu'on l'encourage à rester inébranlable devant ses solennelles et officielles promesses et à persister patriotiquement dans sa conduite. Ce n'est qu'à ce prix que l'on dormira tranquille.

Selon nous, le salut de la République dépend uniquement du vrai patriotisme du maréchal. Tous nos espoirs se tournent de son côté, et vers ce vénérable vieillard qui se nomme Dufaure, seul personnage à même, actuellement, d'être chef du ministère, en poursuivant le but de rendre stable la très nécessaire tranquillité, se trouvant un tampon naturel entre les grands corps qui seraient menacés d'un choc.

Paris. — Imp. E. Capiomont et V. Renault, rue des Poitevins, 6.